M. DE LAMARTINE

JUGÉ

PAR LA PRESSE QUOTIDIENNE

A PROPOS

DE SON LIBELLE N° VII

DIT

LE CONSEILLER DU PEUPLE,

PAR MANSION,

Ancien Directeur d'École Normale, etc.

Prix : 30 centimes.

A PARIS,

AU BUREAU DU JOURNAL L'EMANCIPATION,

ET CHEZ LES PRINCIPAUX LIBRAIRES.

—

1849.

OUI OU NON ?

PROJET

D'ORGANISATION MORALE ET PRATIQUE

DU DROIT A L'ASSISTANCE

PAR L'ASSOCIATION FRATERNELLE

ENTRE TOUS LES FRANÇAIS.

PAR

MANSION,

Ancien Directeur d'École normale, etc.,

ET

JULES LEFÈVRE.

Pour paraître incessamment :

LETTRES A M. AMBROISE RENDU,

A PROPOS

DES INEXACTITUDES ET DES LACUNES ETC.

DE LA 2ᵉ ÉDITION DE SES

Considérations sur les Écoles normales primaires de France.

OUVRAGE

DANS LEQUEL SONT PASSÉES EN REVUE LES QUESTIONS LES PLUS IMPORTANTES
QUI INTÉRESSEET L'INSTRUCTION PRIMAIRE SOUS LE RAPPORT ADMINISTRATIF,
ET SOUS CELUI DE L'ÉDUCATION ET DE L'ENSEIGNEMENT,

PAR MANSION,

Ancien Inspecteur primaire, ancien Directeur d'École normale,
Membre de la Société pour l'Instruction élémentaire,
et de plusieurs Sociétés savantes.

UN VOL. — PRIX : 1 FRANC 50 CENTIMES.

On Souscrit au bureau du Journal l'Émancipation de l'Enseignement,
Rue des Vieux-Augustins, 37.

L'auteur de cet opuscule tient à constater que l'appréciation qu'il fait de l'influence qu'a exercée l'immense talent de M. de Lamartine, sur l'époque de la littérature personnelle, n'est pas une opinion conçue nouvellement et *ab irato*, pas plus qu'elle n'est dans son esprit un paradoxe ou une représaille dirigée contre les injures dont M. de Lamartine a si cruellement et si injustement gratifié les instituteurs. Cette opinion, qu'on peut ne point partager précisément à cause des satisfactions sensuelles que procurent les vers de M. de Lamartine, est la sienne depuis longtemps : elle est consignée dans un écrit qui lui a vallu, il y a six ans, d'être atteint des foudres jésuitiques, dans ce livre d'insigne mauvaise foi, si connu sous le titre de MONOPOLE UNIVERSITAIRE, par M. l'abbé Desgarèts.

a que le MOI insipide, la personnalité sans limite, et une vaine religiosité trônant sous la fausse apparence d'une croyance chrétienne. Jésus-Christ, dont il ne comprend ni le symbole ni la vertu, n'a jamais prêché par l'ingratitude et par le scandale ; sa doctrine condamne les œuvres des artistes égoïstes, qui donnent un démenti, par ignorance ou par toute autre faiblesse, aux admirables préceptes du dévouement à tous, enseigné par l'Evangile.

Lorsque M. de Lamartine, il y a plus de vingt ans, faisait dire à son *poète mourant*, en réponse à cette question : *Mais pourquoi chantais-tu ?* des paroles si harmonieuses et en même temps si égoïstes, pensait-il nous faire regretter son Orphée qui, se mettant au niveau de l'animal, du simple instinct ou même des éléments, répondait :

> Demande à Philomèle
> Pourquoi durant les nuits sa douce voix se mêle
> Au doux bruit des ruisseaux sous l'ombrage roulant :

Le sait-il, le sais-je plus que lui.....

> Je chantais, mes amis, comme l'homme respire,
> Comme l'oiseau gémit, comme le vent soupire,
> Comme l'eau murmure en coulant.

C'est-à-dire fatalement, sans liberté et sans but. Doctrine funeste du fatalisme, qui a donné naissance à Josselyn et à tant d'autres œuvres du même auteur, marquées au coin de l'égoïsme. Hélas ! pour M. de Lamartine,

> L'homme est un Dieu tombé qui se souvient des cieux.

Il chante, il écrit, il agit fatalement, pour lui ou pour rien, sans critérium et sans but ; ou encore pour dire : *la terre c'est l'exil ;* conclusion qui satisfait les privilégiés de tous les temps ; car elle nie l'activité, le libre arbitre ; tous les pouvoirs de l'âme, comme tous les droits de l'homme.

Et voilà l'écrivain qu'on a dit poète et homme d'état. Voilà celui qui a cru que la révolution de Février s'était faite par lui et pour lui. Et après, quand il a atteint plus de 60 ans, quand il a vécu

La poésie c'est l'intelligence inspirée, c'est la force, la grandeur; c'est tout ce qu'il y a de plus noble et de plus transcendant dans le cœur et dans la tête de l'homme; c'est la lumière et la conscience; c'est la volonté; c'est l'héroïsme partout: Moïse et Jésus-Christ étaient poètes selon Dieu et selon l'humanité.

Mais appeler poètes les hommes personnels qui n'ont point de *criterium*, point de pensée, point de foi; appeler poètes les hommes qui n'ont comme une lyre ou tout autre instrument, rien que le son, rien que la voix; c'est profaner le mot le plus sublime; c'est tromper la multitude; c'est lui montrer la mort et non la vie; les ténèbres et non la lumière; le mensonge et non la vérité.

La multitude se fait des héros, des fétiches: elle adopte un nom avec ferveur: elle y croit; car elle est douée, elle, de la poésie que Dieu met dans l'ensemble de ses œuvres: elle a le sentiment religieux, l'amour; elle crée dans sa pensée une noble figure; elle l'anime à sa manière du rayon qu'elle a dans elle même; elle se fait une idole d'un nom, comme elle s'en fait une de la gloire, de la liberté, de l'amour de la patrie, de la vertu; elle y tient: aussi combien souffre-t-elle, si l'on veut la désabuser!

Otez brusquement aux habitants des campagnes leur Napoléon-le-Grand et arrivez à sonder toute la profondeur de la douleur qui en résulterait: je vous en défie. . . .

Dans le monde lettré et à demi lettré, le nom de M. de Lamartine a été immense: faut-il consigner ce qu'a fait la réclame pour ce nom si fatalement illustre? faut-il rappeler les adulations des femmes et des jeunes gens, c'est-à-dire de ce qui est aimant, généreux et faible, par conséquent facile à séduire et à tromper, soit par les sens, soit par le cœur?.. Dans les campagnes, le nom de M. de Lamartine n'a été connu que par les récits fabuleux; M. de Lamartine a eu ses légendaires.

Dans le monde des villes, il est connu par ses livres, qui sont comme du miel quant au goût, et comme du poison quant aux principes.

Pour peu qu'on soit éclairé par le dévouement et même par le simple devoir, on reste affligé des paroles qu'a toujours jetées à la foule cet écrivain sans science morale, dans les écrits duquel il n'y

M. DE LAMARTINE

JUGÉ

PAR LA PRESSE QUOTIDIENNE.

Trestaillon l'ordonne,
N'épargnons personne.
Vivent les Chouans
Et les bons Blancs.

(Réaction de 1815).

Ah ! prenez garde, la France n'aime pas à rougir ;
ne la faites pas rougir d'elle-même et de vous !

(Le Conseiller du Peuple , n° VII).

I.

Pendant que tous les organes de la Presse Indépendante expriment leur étonnement, leur douleur, ou leur indignation, à propos de la croisade de M. de Lamartine contre les Instituteurs, une lumière point à l'horizon pour tous les hommes calmes, et cette lumière montre à tous les yeux, écrit dans le ciel, un mot consolant ; ce mot est JUSTICE.

La Justice, c'est la fin dans toute chose ; car toute chose va où Dieu veut qu'elle aille : le mal au néant, le bien vers l'avenir.

L'avenir n'était pas pour M. de Lamartine.

Quel enseignement que la vaine et fausse grandeur de cette renommée d'un homme que le monde a, pendant trente années, décoré du titre de poète et qui, aux yeux de la vérité, n'était pas plus poète qu'homme d'État et ne pouvait être ni l'un ni l'autre !

1849

constamment dans les sphères étroites de l'impuissance personnelle et du doute, dans le néant de sa vanité, il s'intitule *Conseiller du Peuple!* du peuple entendez-vous! c'est-à-dire de cette poésie vivante et toujours jeune du créateur de toutes choses. Niais politique, comme autrefois Lafayette, il oublie ou n'a jamais su que celui qui se trompe en politique est bien près d'être criminel : il ne craint pas de se tromper ; il va, il va sans voir, sans chercher à voir ; cet homme d'état fatal, va et nous précipite ; il va et il nous perd ; il va! et quand l'erreur vient de lui, le malheur de lui, sa colère de vieillard fait rage et déborde ; il nous crache au visage et nous calomnie!...

Heureusement que nous avons vu le point lumineux qui nous montre le mot Justice, lequel mot le peuple comprend.

II.

L'importance qu'on a donnée à M. de Lamartine fait que ce qui vient de lui a une signification dans le présent : les regrets de ses amis, les plaintes de la démocratie et ses craintes sont légitimés par l'éclat de son nom.

Mais quand la justice aura passé ; quand on aura jugé les œuvres de cet écrivain, les actes de ce prétendu homme d'état ; quand on aura reconnu qu'il a fait, à lui seul, plus de mal avec ses livres que n'en ont fait tous les écrivains et les hommes d'état sortis des écoles politiques qui ont traversé notre époque, élevé leur autel à côté du sien, leur célébrité à côté de la sienne ; quand on aura enseigné en le démontrant, que la poésie égoïste et personnelle n'a rien de commun avec le peuple ; qu'elle n'est pas digne du nom de poésie, ni même de la moindre estime ; quand on aura renié solennellement et pour toujours, tous ces artistes, tous ces écrivains, tous ces politiques qui n'ont agi que sous l'influence des inspirations sensuelles du maître ; quand on aura bien constaté que pour être homme d'état et poète, il faut avoir des profondeurs de vues et une volonté de réalisation que M. de Lamartine n'a jamais eues, parce qu'il n'a jamais été inspiré par le peuple ; oh! malgré l'amour des femmes,

malgré l'admiration des rêveurs , malgré les adulations de la réclame et le fanatisme des légendaires , les douleurs s'apaiseront ,
les plaintes cesseront, les regrets se changeront en satisfaction
d'avoir fait un pas de plus vers la vérité , d'avoir vu tomber une
idole de plus. L'examen des faits se fera sans colère , sans amer-
tume , sans coupable pitié. On ne sera pas ému de la crainte de
paraître audacieux ou bizarre , parce qu'on aura osé juger saine-
ment M. de Lamartine ; on mettra le scalpel dans tout ce qu'il a
fait , et si l'on est frappé d'étonnement, ce sera de n'entendre pas
un cri, pas un soupir, pas le moindre gémissement sortir de ses
œuvres tant vantées : on verra que la vie manquait à ses créations
sans portée , sans avenir , sans valeur , sans génie , et que partout
c'était le vide et la mort.

Mais enfin ,

> Si l'on peut pardonner l'essor d'un mauvais livre,
> Ce n'est qu'aux malheureux qui composent pour vivre ;

et il faudra bien , suivant moi, que M. Lamartine soit pardonné;
car je soutiens que son libelle contre les instituteurs , lequel n'est
après tout qu'un prétexte contre la démocratie , est le moins dan-
gereux de tous les livres qu'il a faits. Je dis plus , il sera utile ; il
l'est même déjà. En effet , jusqu'à ce moment , un seul journal,
l'*Émancipation de l'Enseignement* , avait pris en main la cause
des instituteurs ; la grande presse, et le public, s'étaient peu occu-
pés d'eux, comme corps et comme agent politique : les injustices, les
amertumes, les douleurs , les humiliations tombaient sur les instituteurs sans qu'on songeât aucunement à leur misère. Ils se dé-
vouaient dans l'éloignement et l'humilité, sans que personne dans
le monde politique parût même soupçonner leur existence ou s'en
préoccuper. Il n'y a d'instituteurs proprement dits en France que
depuis seize ans à peine : comment une institution si nouvelle
pouvait-elle être connue, appréciée ; comment pouvait-elle inté-
resser?... Les *magisters* d'autrefois n'étaient ni organisés , ni sur-
veillés , ni instruits , ni rétribués régulièrement : ils existaient fatalement, ce qui peut-être plaisait davantage à M. de Lamartine. Le
principe de l'émancipation intellectuelle des masses n'était point con-

sacré, point reconnu par la loi : la première Constituante avait bien décrété qu'il y aurait un instituteur par commune ; mais elle avait été impuissante à réaliser ce décret ; et ce ne fut qu'en 1855 que l'application fut essayée et réussit. C'est donc de 1855 que date l'instituteur légal. Ses quinze années de souffrances sont les quinze années de son enfance. Combien n'a-t-il pas supporté de misères avant de pouvoir même se faire accepter ! Mais voilà qu'il grandit, voilà qu'il sort de ses langes : ce ne sont plus des vagissements d'enfant nouveau-né qu'il pousse ; on entend ses cris mieux articulés, on s'aperçoit que c'est un être dont il faut qu'on s'occupe. Mais il y a des résistances à vaincre. Ce nouveau venu va s'asseoir avec d'autres au banquet de la vie ; il faudra qu'il ait sa part ; et c'est à peine si on veut l'admettre dans la famille, lui qui devra protéger la famille, l'élever, l'instruire. Nous sommes treize à table, dit l'égoïsme au front dur ; elle ne voit pas que le treizième ce n'est pas le nouveau venu ! Et comme il est destiné à servir la cause de l'humanité, il entre dans la civilisation par la persécution ; soit ! car il sortira triomphant de la lutte, comme en est sorti celui qui disait : « Laissez venir a moi les petits enfants. »

Et c'est de M. de Lamartine, régnant et chantant, que datera la première émancipation, mais aussi la première insulte, le premier martyre.

III.

Mon Dieu, quoi que l'on puisse faire, c'est avec chagrin, mais au nom de la moralité publique et de la dignité des écrivains, qu'on demande à un vieillard si c'est bien sciemment, volontairement, sans remords, qu'il a pris

> De la main d'un avide imprimeur
> Le nom de ridicule et misérable auteur ?

N'a-t-il donc plus :

> Ni sa propriété de Milly, estimée 500 mille francs,
> Ni celle de Montceaux-les-Mâcon, estimée 800 mille,

Ni Saint-Point, 500 mille,

Ni Saint-Pierre, 400 mille,

Ni d'autres ; ni la fortune de sa femme, estimée à des sommes énormes?

Serait-ce que le pillage, l'incendie, le massacre prêchés par les instituteurs les lui aurait enlevées ?

Et cette somme de 1,500 mille francs que madame de Villars, sa parente, lui réservait après sa mort, craindrait-il que les instituteurs ne la lui fissent enlever encore en prêchant l'abolition de l'héritage?...

Est-ce donc le peuple formé depuis 1855 par les *jeunes* instituteurs, est-ce la jeune génération rurale qui a écrit dans l'Évangile ce jugement de Dieu : « Je vous dis en vérité qu'il est plus facile à un chameau de passer par le trou d'une aiguille qu'à un riche d'entrer dans le royaume des cieux ? »

Mais où donc, si M. de Lamartine éprouve des embarras de fortune à ce point qu'une souscription ait dû être proposée, dit-on, pour le rachat de je ne sais plus lequel de ses domaines, où donc a-t-il trouvé le moyen de produire dans tous les grands journaux, dont elle remplit presque toute la quatrième page, cette annonce extravagante :

LES INSTITUTEURS DU PEUPLE,

par

ALPHONSE DE LAMARTINE.

L'éloge est impuissant en face des beautés IMPÉRISSABLES *de ce nouveau chef-d'œuvre de l'auteur des* Girondins. Nous ne pouvons que nous écrier :

LISEZ!

Cette annonce a dû coûter plus de 50,000 fr. D'où ces fonds peuvent-ils sortir, pour une entreprise modeste de 6 fr. par an?... L'idée d'anéantir la démocratie, d'en finir avec elle, n'aurait-elle pas traversé le cerveau du *Conseiller du Peuple,* et conduit fata-

lement ses pas aventureux du côté de ce lupanar politique où
maints vieillards se surexcitent au contact des plus étranges pros-
titutions de la haine et de la calomnie ? Là , dans un coin , n'aurait-il pas trouvé quelque bourse perdue ?... M. de Lamartine est
honnête , répond-on ; il eût rapporté la bourse. A la bonne heure;
mais n'a-t-on pu la lui donner ?...

Au reste , l'habileté , que le langage pittoresque du peuple a
nommé *macairisme*, s'est déployée dans cette annonce du libelle.
Quelles formes du langage à notre tour pouvons-nous employer
pour en parler , quand le dégoût précède en nous toute pensée,
toute appréciation , toute analyse ? L'impudeur et la mauvaise foi
ont dépassé tout ce qu'on avait vu jusqu'ici en pareille matière.
Calomnier la misère en lui prenant son obole, c'est vraiment le
sublime du genre. Cette obole de chacun est nombreuse en France;
60,000 instituteurs tant communaux que privés , c'est une mine à
exploiter, et les centimes additionnels forment des millions. Aussi,
avec un nom retentissant , avec un titre perfide :

LES INSTITUTEURS DU PEUPLE,

PAR ALPHONSE DE LAMARTINE,

on s'est assuré les chalands ; et quand les instituteurs sont traqués
de tous côtés par une armée de gens qui font du zèle et de la persécution dans l'ombre, embusqués qu'ils sont dans les encoignures
des positions officielles ; quand ils n'ont plus de refuge que dans
leur conscience ; quand ils s'entendent appeler par un homme
trop célèbre, les *instituteurs du peuple*, eux qu'on a dénoncés
comme ses *corrupteurs*, ils écoutent, ils espèrent , ils disent :
Voilà une consolation qui nous vient , un ami qui nous apparaît,
un ciel qui nous sourit, ils s'abonnent au *Conseiller*. . . l'obole de
cuivre est donnée..

Hélas ! après la première page, c'est la vérité qui leur apparaît :
cet ami, cette consolation qu'ils attendaient, ce n'est plus qu'un
fougueux accusateur public avec ses exagérations de parquet, avec
ses insultes, avec ses menaces, avec ses vengeances : Lamartine ,
l'auteur des *Méditations* , Lamartine, le poète harmonieux , le

chantre des étoiles s'est déclaré contre eux ; il s'est fait procureur de la... calomnie !

Qu'importe ! n'est-ce pas une bonne spéculation ? Plus il y aura de bruit, plus il y aura de scandale, et plus il y aura de célébrité pour la brochure, partant plus d'oboles versées, plus d'écus amassés. Qu'est-ce pour la logique *du commerce à outrance* que l'inquiétude dans le pays, la douleur dans les familles, le découragement dans les cœurs !... Et vous êtes des hommes d'ordre ? Vous !...

Et tout cela n'est pas hideux, odieux, innommable, *impérissable*, comme vous dites... Non, M. de Lamartine, non , vous ne périrez pas dans la mémoire des hommes. A-t-il péri celui qui vendit ce que vous savez pour trente pièces d'argent ?

IV.

M. de Lamartine dit aux instituteurs que *le lendemain de la Révolution de Février on criait de toutes parts. au peuple, qu'il n'avait ni oreilles pour entendre, ni cœur pour aimer.*

Qui donc aurait osé tenir ce langage au peuple, soit avant, soit après février ? Pas de cœur pour aimer ! lui, le peuple !... il aurait répondu par le nom de Jeanne d'Arc à cette ignorante calomnie.

Mais on lui disait au contraire qu'il avait été grand et généreux dans la victoire, car alors on convenait que c'était une victoire : et qu'est-ce donc que la grandeur dans le peuple, qu'est-ce que sa générosité, si ce n'est l'inspiration et l'amour ; non pas l'amour paresseux , sensuel, sur des sofas , dans des vers et dans des parfums, mais l'amour dans la réalisation des fins de Dieu , dans les phases de l'humanité ? Le peuple en février vous le flattiez , ses vertus n'avaient pas de bornes ; vous disiez vrai, mais vous le disiez dans la peur et non dans la foi. Il n'y avait que lui alors qui ne fût point exagéré, il était calme parce qu'il était fort et avait foi en lui ; vous le savez bien, et qu'est-ce donc que la confiance, qu'est-ce donc que la foi, si ce n'est l'espérance et l'amour ?

Oui, M. de Lamartine faisait partie du gouvernement provisoire ;

oui, M. de Lamartine approuvait la nomination de Carnot au ministère de l'instruction publique ; oui, c'est au temps de la prépondérance de M. de Lamartine que les circulaires de ce ministre ont été le tocsin de l'émancipation politique dans les campagnes ; mais hélas ! avec quels moyens ? M. de Lamartine, qui croyait que la révolution s'était faite par lui et pour lui, n'avait pas même la connaissance de la situation ; s'il a dit dans ce temps-là : *que l'instituteur était en bons rapports d'indépendance , de convenance et de voisinage avec les ministres des différents cultes*, c'est précisément le contraire qu'il fallait dire, parce que c'est le contraire qui existait. Les convenances et l'indépendance à l'égard des instituteurs dans leurs rapports avec les ministres des cultes ! Mais c'est ce qu'ils demandent depuis quinze ans, et ce qu'on leur refuse au contraire... Les convenances, dites-vous ; où sont-elles quand le curé contraint l'instituteur à balayer l'église, *à le faire lui-même, et pas par d'autres ;* quand il exige qu'il soit son sacristain, son brosseur, son blanchisseur, son décrotteur, son valet, sous toutes les formes, et cela sous peine des tracasseries les plus honteuses, des dénonciations, des persécutions, des haines les plus implacables ? Les rapports *d'indépendance*, osez-vous dire !... quand le curé contraint l'instituteur à laisser humilier son caractère public , souiller son foyer domestique, sa couche ou celle de sa fille, insulter tout ce que le père, le mari, le citoyen a de plus cher et de plus sacré. Ah ! vous avez un piédestal, monsieur, d'où vous jetez à tout un corps de citoyens paisibles et dévoués au progrès régulier, la menace et l'insulte ; mais pendant quinze années, sachez-le, nous avons amassé bien des documents, nous avons vu bien des hontes, enregistré bien des misères ; et le jour où vous monteriez à la tribune , nous vous défendrions bien de nous calomnier long temps, car vous tomberiez écrasé sous le nombre des révélations qu'un homme d'État doit prévoir et doit redouter.

V.

Mais en février, M. de Lamartine eût-il dit les paroles qu'il se prête, qu'il eût encore fait preuve d'une ignorance bien fâcheuse pour un homme d'Etat qui cherchait un appui dans une partie de la population, sans en connaître ni la force ni la faiblesse. *Les instituteurs, aurait-il dit, voilà les intermédiaires naturels entre la république et le peuple des campagnes ; voilà les organes des bonnes et saines pensées démocratiques.* Oh ! que l'abus des mots, que les grandes phrases sont de tristes choses ! Quoi ! si vous connaissiez le programme des études des anciens et des nouveaux instituteurs, vous pensiez qu'il devait suffire ! Et si vous ne le connaissiez pas vous osiez livrer fatalement la république à ces hommes *demi-lettrés*, que plus tard vous viendriez accuser avec le même cynisme, avec la même inconséquence que vous aviez mis à les jeter en avant !

Où sont-ils vos livres élémentaires en faveur de l'éducation républicaine ? Qu'avez-vous fait, pendant votre gouvernement provisoire, de votre amour prétendu pour les instituteurs que vous n'avez ni dirigés, ni instruits, ni éclairés ? Où sont les principes bons ou mauvais, justes ou erronés que vous ayez répandus pour contenir ou pour propager l'idée démocratique ? Où sont les envoyés de votre prévision suprême pour instruire dans des conférences préalables, ces interprètes naturels entre *les classes propriétaires et les classes agricoles et laborieuses de la population ?* Vous n'avez rien fait pour ces enfants adoptifs de votre prétendue sollicitude, que vous aimiez, dites-vous, *comme les racines vivantes qui puisent dans le sol la sève intellectuelle du peuple.* Vous n'avez rien fait ; vous avez tout livré au hasard, à la fatalité.

VI.

On ne peut pas suivre M. de Lamartine dans les contradictions de sa prose. Habitué qu'il est à bâtir sur le sable, à penser dans le vague, à faire des strophes sur des mots, il croit que si cela passe et séduit en vers, cela peut passer et séduire en prose. M. de Lamartine a fait une orgie de langage, il s'est enivré de mots abjects, il a répandu son vocabulaire à pleins flots sur le papier ; les mots s'y précipitent, s'y pressent, s'y heurtent, ils s'entrechoquent, ils produisent du bruit, des sons, il en sort ce qu'il peut, c'est nauséabond.... et, comme le proclame l'annonce du prospectus :

L'ÉLOGE EST IMPUISSANT EN FACE DES BEAUTÉS IMPÉRISSABLES
DE CE NOUVEAU CHEF-D'ŒUVRE DE L'AUTEUR DES GIRONDINS.

Des Girondins, entendez-vous bien ? de ce livre populaire, pré-
curseur de février 1848 ! C'est lui qu'on prend pour terme de
comparaison, dans le but de faire croire que le libelle en est la
suite ou le corollaire !... Mais laissons une fois pour toutes cet
ignoble charlatanisme ; il répugne ; il est jugé.

VII.

*Vous avez été admirables de bonne intelligence de votre rôle dans
la république pendant la première épreuve du vote universel*, nous
dit M. de Lamartine ; *vous avez marché avec les meilleurs citoyens,
les maires, les curés, les agriculteurs, en tête des colonnes électorales du village pour aller déposer dans les urnes les noms des
représentants de l'intelligence, de la conscience, de la moralité publique.... mais depuis !*

Ce qui signifie, dans la pensée de M. de Lamartine, vous aviez
confiance en moi ; mon nom inscrit par vous sur les bulletins des
électeurs qui ne savent pas écrire, est sorti de vingt urnes départe-
mentales ; vous étiez alors *des hommes de bien, de bon sens, de lumière, de bonne volonté (sic) ;* mais plus tard je n'ai pas été réélu,
car vous n'avez pas écrit mon nom sur les bulletins de ceux qui
ne savent ni lire ni écrire ; vous êtes des hommes de mal, de mauvais sens, de ténèbres, de mauvais vouloir. C'est rationnel quand
on se renferme dans son *moi* exclusif, comme le fait *ne varietur*
M. de Lamartine ; mais c'est un enseignement bien profond quand
on réfléchit à cette immense aveuglement d'un homme qui croit qu'il
n'y avait de place que pour lui dans le cœur et dans l'esprit des
masses ; que c'était lui la révolution, lui le salut de la république, lui *l'alpha* et *l'oméga*, le principe et la fin.

VIII.

Mais, encore un coup, qu'avez-vous fait pendant que, selon vous,
les instituteurs apprenaient aux populations (qui le savaient, mal-

gré les calomnies organisées) que *la république n'était ni la guerre
entre les costumes, ni le pillage, ni l'incendie, ni la terreur, ni la
guillotine, ni l'échafaud?* Vous vous êtes amusé précisément à
changer des costumes, à en inventer de nouveaux, à gratter des noms
sur des monuments publics, à en *peindre* d'autres aux coins des
rues, et pendant ce temps-là vous avez laissé l'instruction publique dans ses misères et ses errements ; vous n'avez rien imaginé,
rien créé, rien amélioré, rien produit. C'est la faute la plus consi-
dérable que vous ayez commise en présence de cet aveu sorti de
votre plume : *que les instituteurs sont le fil électrique conducteur
de la vraie lumière et de la saine morale dans les masses.*

Ah ! nous vous attendions dans nos écoles normales, dans nos
conférences, dans nos écoles du soir. Nous savions bien, nous,
que les théories les plus diverses, les systèmes les plus contraires
allaient être en présence; nous comprenions bien que si nous n'avions
pas un programme, une loi, nous aurions à discuter au lieu d'en-
seigner, à disputer au lieu d'instruire. Ah ! croyez-le, pauvres instituteurs, démocrates non pas démagogues, bons citoyens, non
pas anarchistes, nous avons gémi de votre impéritie, de votre im-
prévoyance ; nous souffrions sans oser vous maudire.

IX.

Quand vous avez pris le pouvoir, vous aviez deux chemins tra-
cés devant vous, monsieur ; il fallait suivre l'un ou l'autre, ou bien
vous retirer.

En suivant la première voie, vous pouviez dire aux citoyens :
«Maintenant que la République est proclamée, notre tâche est bien
près d'être remplie ; nous ne sommes ici que provisoirement, et
nous n'avons pas le pouvoir de changer les lois anciennes ; tout,
sous notre gouvernement de très-courte durée, marchera comme
par le passé, jusqu'au jour où vous aurez nommé vos représentants
par le vote universel que nous vous donnons, que nous pouvons
vous donner comme une conséquence des faits accomplis. Malheur
à nous si nous touchions à l'édifice social dont nous ne savons pas

toutes les ressources, tous les besoins, tous les secrets ! la Constituante avisera. »

Et elle eût été bien grande la Constituante, évoquée ainsi par le génie du patriotisme dès les premiers jours !

En suivant l'autre voie, vous deviez agir révolutionnairement ; vous ne deviez pas laisser pierre sur pierre de l'édifice *politique* auquel vous succédiez ; vous ne deviez pas permettre aux hommes du passé de peser sur la situation ; ils avaient fui d'ailleurs, et vous étiez les maîtres ; vous deviez savoir ce que valent les demi-mesures.

Mais au lieu de suivre l'une ou l'autre route, vous êtes resté stationnaire ; vous avez fait une halte dans votre égoïsme pour vous contempler vous-même ; vous avez fait des discours, des phrases, des *chansons*, comme vous l'a fort bien dit le peuple ; vous avez sacrifié toujours au hasard, toujours au fatalisme, toujours à votre personnalité.

Et plus tard, vous vouliez encore des suffrages, des voix d'électeurs ! Et vous qui n'avez pas compris le Gouvernement provisoire, vous venez nous dire *qu'après lui nous n'avons pas compris la République.* Ah ! ce qui nous *confond,* ce qui nous *humilie,* pour employer votre langage, alors qu'il est décent, c'est que les hommes manquent aux circonstances, et que, si cependant l'avenir ne peut pas perdre beaucoup par les fautes des hommes sans génie, qui laissent comme vous passer le souffle de Dieu sans le sentir, la génération présente, c'est-à-dire nos mères, nos filles, nos épouses, nos frères, le peuple tout entier en souffrent beaucoup, au contraire.

L'histoire le dira, monsieur ; un homme, Lamartine, l'auteur du *Chant du Sacre* de Charles X, avait rêvé d'être président de la République française ; ses fautes l'ont fait repousser même de l'Assemblée législative, où il n'a pu rentrer que par la petite porte, par un supplément d'aumône électorale : son orgueil ou plutôt sa vanité froissée a pris pour de l'ingratitude ce qui n'était que l'effet de la conscience publique. S'il eût été jeune et fort, poëte, ainsi qu'on le disait, il eût réfléchi saintement sur l'instabilité des choses de ce monde, et sur l'obligation qu'a tout homme de se dévouer quand il est posé pour le faire : il se fût vengé de l'ostracisme électoral, en se faisant plus grand, en se faisant plus fort ; mais c'était un vieillard, il était faible, et il est tombé en démence....

X.

Oui, c'est de la démence que de prétendre conseiller un peuple avec le mensonge, quand ses aspirations et son expérience le poussent vers la vérité. C'est de la démence de vouloir faire tenir dans un vase plus de liqueur qu'il n'en peut contenir. Depuis quand l'injure et le fiel remplacent-ils la raison ? Le peuple, qui déborde les institutions dans lesquelles il était contenu, en veut d'autres, ou il submerge tout : et vous, le soi-disant poète, vous qui prenez soin de nous dire que vous êtes *philosophe, orateur politique, écrivain publiciste,* vous n'avez pas la moindre institution nouvelle à nous proposer pour arrêter le torrent ! A quelles conditions se font donc les révolutions et les lois politiques, si ce n'est en vue de l'activité humaine ? Quelles sont donc vos idées sur le mouvement, si vous n'avez à nous donner, dans nos jours de douleurs, que des injures, des imprécations, des menaces ?... Pour les uns vous êtes une idole, pour les autres un homme honnête, pour beaucoup vous étiez l'inconnu ; mais vous aviez à votre service le prestige d'un nom, vous aviez une tribune, cette ambition des nobles cœurs ; et du haut de cette tribune, quand vous parlez à la foule de ces hommes que vous croyez égarés, aux instituteurs dont il faudrait, dites-vous, *élargir la clientèle morale et politique,* votre parole n'est pas un cri pour l'union, un vœu d'amour, un mot de charité (votre mot favori pourtant), c'est un cri de provocation et de scandale, un cri de haine et de désordre !...

Et dans quel moment, grand Dieu ! Est-ce quand vous êtes retiré dans votre tente, pendant l'intervalle des deux élections qui vous ont repoussé d'abord, puis rappelé ensuite ? Est-ce quand vous pouvez croire la patrie en danger à l'occasion de quelque nouveau vote plus ou moins universel ? Non, c'est quand l'Assemblée législative fonctionne à peu près sans obstacle ; c'est quand elle a trois ans d'existence devant elle ; c'est quand vos imprécations sont sans objet, sans prétexte à peu près légitime ; c'est quand un ministre fanatique et les séides de la réaction frappent à tort et à travers sur les hommes de cœur lâchement dénoncés et calomniés par les jalousies électorales des censitaires d'autrefois, et des vanités ignorantes, haineuses et vindicatives des petits clochers, et c'est sur des *on dit*, sur des *chuchottements* que vous procédez ainsi !

XI.

Comment suivre votre brouhaha verbeux, vos antithèses, vos bonds sauvages dans ce chaos d'approbation et de blâme, de négations et d'affirmations, de contradictions diverses, de vérités, de mensonges, de fracas semblable à la destruction de Ninive, où tout se mêle, se heurte, se confond pour aboutir au néant ?

Ah ! c'est comme une colère de hyène, comme un délire de chacal se ruant sur des décombres et fouillant des tombeaux, que vos sorties contre les instituteurs que vous calomniez, que vous déchirez ! S'il arrivait, monsieur, qu'un imprudent n'ayant ni votre nom illustre, ni votre autorité, ni votre talent, ni ce qu'on appelle votre éloquence, se fût égaré, oublié jusqu'à dire de la magistrature, de l'armée, du clergé, de tout corps constitué ce que vous avez dit de nous dans votre œuvre infernale, la Cour d'assises l'eût frappé de la peine qu'on inflige à ceux *qui excitent les citoyens à la haine les uns des autres.*

XII.

Les instituteurs ne sont pas devenus, comme vous le prétendez, *des fomentateurs de* STUPIDES *doctrines anti-sociales entre les classes de citoyens,* ils ne se sont pas laissé *séduire comme des hommes sans jugement,* par un *faux socialisme!* Il y en a donc un vrai, répondez ?... ils sont restés bons, honnêtes, édifiants, républicains sincères. Et quand, pour faire de l'effet, vous écrivez les mots *terreur et terroristes*, n'avez-vous d'autre intention que celle de servir le méchant manége des ennemis de la République ?... C'est un retour au *Chant du Sacre* que vous méditez, en attendant le chant du cygne et l'absolution : c'est une trahison de plus.

XIII.

Que parlez-vous d'athéisme dans le peuple ? l'émission seule de cette pensée est une mauvaise action. Vous savez bien que l'athéisme n'existe pas dans un peuple. Exista-t-il jamais, même dans un individu?... Un peuple, monsieur, mais c'est une puissance qui émane de Dieu ; cette puissance ne se meut, dans sa raison d'être, qu'autant que Dieu la pousse et la vivifie. C'est le souffle de Dieu qui est son âme ; et, à moins de se haïr elle-même ou de se nier, elle ne peut être athée. Si votre courte vue ne comprend pas l'activité humaine, ni sa raison, ni sa fin ; si vous ne comprenez pas le progrès ; si vous ne voyez dans les sacrifices du présent que la fatalité ; si, pour vous, l'activité du monde n'est pas l'amour de Dieu, la confiance, l'espoir en Dieu, vous êtes bien à plaindre, car vous devez être bien malheureux. L'athéisme dans le peuple! Ah! cette proposition est coupable : retirez-la, monsieur, comme une insulte faite à Dieu même. Sachez que si l'athéisme était admis comme possible, il légitimerait la destruction de la famille ; les enfants renieraient leur père ; et les hommes sont enfants de Dieu.

L'athéisme! mais c'est un mot à l'usage de ceux qui veulent établir leur domination égoïste et temporelle sur la ruine de ce qui les gêne : l'instruction, la science, l'examen. Ils accusent d'athéisme ceux qui ne les choisissent pas pour idoles, et qui ne les mettent pas à la place de Dieu, sur l'autel et ailleurs. On est athée suivant eux, si l'on n'est pas dévoué corps et âme à leurs infirmités, à leurs faiblesses, à leurs jouissances, à leurs priviléges, à leur ambition, à leurs convoitises, à leur ignorance.

> Qui n'aime point Cotin n'estime point son roi,
> Et n'a, selon Cotin, ni foi, ni Dieu, ni loi.

XIV.

Qu'appelez-vous insulte au sentiment religieux? Pour l'instituteur, l'insulte au sentiment religieux c'est la religiosité qui en est la parodie, et que vous pratiquez dans vos livres; c'est l'hypocrisie, qui en est le scandale.

Ce n'est pas dans l'absence de religion, comme on feint de l'entendre, qu'est le mal de notre époque; le peuple vous l'a prouvé de nouveau en 1848. Vous avez donc oublié qu'il est allé chercher les prêtres pour bénir ses arbres de liberté, qu'il leur a tendu une main amie, fraternelle, sublime de générosité.

Le peuple a-t-il frappé les faibles, insulté à la peur complaisante d'aucun des membres du clergé? Avez-vous oublié la promenade dans Paris, d'une noble femme, madame de Lamartine, sous la bannière de l'asile pour l'enfance? Le peuple, ému, la suivait; il riait, il pleurait, il était attendri. Mais pourquoi l'était-il? C'est qu'il est sympathique à la vérité, c'est que les formules qui sont à la hauteur de sa taille, et en harmonie avec l'époque dans laquelle il vit, font vibrer les cordes saintes que Dieu a mises dans son âme. Il croit, monsieur, il croit ce qui est vrai, ce qui est grand, ce qui est saint. Il n'y a que la duplicité dont il fait bon marché, que les fourberies dont il fait justice. Il peut être railleur avec Voltaire, détruisant ce qui est faux et trompeur; mais il adore avec l'Évangile ce qui est éternel dans le progrès et dans la vérité.

Ah! si vous aviez la foi comme lui, si vous aimiez, si vous aviez la volonté, si vous étiez animé de cet esprit de Dieu que vous refusez au peuple, sachez-le bien, ce n'est pas le replâtrage d'une vieille domination, ce n'est pas le rétablissement des vieilles formules que vous voudriez sans réserve. Vous seriez inspiré par la vérité, vous auriez un critérium, une direction, une formule en rapport avec les mœurs du temps. Les moyens de vous faire entendre de la foule, de vous en faire aimer, ne vous feraient point défaut; ils seraient en vous-même, ils seraient acceptés, reçus, bénis comme la bonne nouvelle; vous consoleriez les douleurs, vous calmeriez les agitations au lieu de les produire; c'est avec des institutions sérieuses que vous voudriez réaliser la pensée chrétienne.

Vous dites que vous êtes la personnification de l'ordre, moi je vous dis que vous allez tourmenter encore indéfiniment cette société que vous prétendez arrêter dans sa marche. Les bâtons que l'on met dans les roues d'un char l'obligent à rester en place, ou à briser l'obstacle; mais sachez-le : on n'arrête pas en vain un torrent, quand la source fournit toujours : les fleuves ne remontent pas, ils débordent.

XV.

Laissez donc ces accusations banales, calomnieuses, nauséabondes, de socialisme, de communisme, de destruction de la famille et de la propriété, d'irréligion, etc. C'est pris dans l'arsenal de la mauvaise foi, de l'ignorance ou de l'intrigue, comme vos perfides accusations de pillage, d'incendie et de massacres : ce sont des images, des fantômes qu'exhument de leur cerveau détraqué les vieillards haineux, les intrigants et les bigots.

Le socialisme des instituteurs dont vous parlez si odieusement, c'est celui de Jésus-Christ, c'est l'Evangile; le vôtre, c'est celui du chaos..., le chaos c'est l'enfer.

Le communisme, vous parlez aussi de celui-là, sans savoir qu'il est pratiqué par vos protégés de tous les temps : il n'y a de communistes que les moines, et les couvents que vous avez mille fois vantés, y compris ceux du Sunderbund : et ce sont ceux qui font les plus sales profits du communisme, qui nous accusent d'être communistes !

XVI.

Quant à l'enseignement laïque, il est de droit naturel et imprescriptible : le père et la mère sont laïques, le citoyen est laïque, l'Etat est laïque, l'esprit du monde est laïque, le progrès social est laïque, l'industrie, le commerce, les sciences, les arts ne sont-ils pas laïques? La naissance, le mariage, ne seraient-ils plus des institutions tant soit peu laïques? penseriez-vous, par hasard, à rendre l'état civil au clergé? la naissance, le mariage, la mort, n'auront-ils plus droit de cité dans les registres municipaux?

L'exception seule est congréganiste, mais l'exception c'est la minorité stationnaire. Que viennent faire les congrégations dans les secrets de la famille? Qu'y a-t-il de commun entre la production et la stérilité, entre la vie inerte et la vie active; entre le célibat et la paternité?

XVII.

La famille!... ah! pourquoi votre injustice réveille-t-elle en nous des souvenirs que vous devriez vouloir tenir cachés dans ce temps de luttes et de crises! Sous Louis XIV, par exemple (ce n'est pas loin de nous), la famille, le sentiment religieux étaient-ils contestés? Non, certes. Dites - nous ce qu'était madame de Maintenon; était elle un signe bien recommandable de l'amour et du respect de la famille? avait-elle le sentiment religieux? Racine n'écrivait-il pas l'histoire de Port-Royal dans ce temps-là?... ne croyait-on pas au miracle de la sainte épine! Pour Louis XIV, il exilait les maris pour souiller leur couche et leurs femmes, et il légitimait ses enfants adultérins.

Silence, M. de Lamartine, silence, entendez-vous; car je vous le dis en vérité, vous n'avez pas le droit de nous contraindre à jeter en pâture aux passions ce que les bons esprits savent et gardent pour affermir leur conviction en attendant que la volonté de Dieu soit faite.

MANSION,

Ancien directeur d'École normale, membre de la
Société pour l'Instruction élémentaire, etc.

15 Octobre 1849.

OPINION DES JOURNAUX

De Paris et des Départements.

Dans le public, où la vérité sur certaines choses ne se fait jour qu'avec lenteur, il est facile de fausser l'opinion. Il reste toujours quelque chose de la calomnie; les jésuites politiques en ont fait faire une rude épreuve à la démocratie. Il est donc indispensable que la réfutation des attaques calomnieuses soit permanente; c'est ce que nous avons voulu faire en publiant un écrit dont la forme est moins fugitive que celle des feuilles quotidiennes qu'on lit au jour le jour et auxquelles on ne revient plus. D'ailleurs, tous les journaux ne vont pas partout, tandis que les exemplaires du Libelle-Lamartine sont répandus à profusion. Ceux qui auront notre recueil pourront répondre à ceux qui leur présenteront le N° VII du CONSEILLER.

EXTRAITS DE LA PRESSE QUOTIDIENNE.

Le National.

M. de Lamartine, le héros de l'Hôtel-de-Ville, le membre du Gouvernement Provisoire, le défenseur de Ledru-Rollin dans la commission des cinq, tombe à bras raccourcis sur les instituteurs primaires; il se fait le défenseur de M. de Falloux, de M. de Montalembert, de M. Thiers, de tous les ennemis de la liberté et de la pensée; et dans quel moment ? Quand meurent la démocratie hongroise et l'héroïque Venise, et cette république romaine étouffée sous nos armes fratricides. Il ne trouve rien de mieux, ce conseiller du peuple, dans son âme démocratique, qu'un cri de haine et de colère contre les instituteurs du peuple! il entend dans l'air une vague accusation de communisme; il lit dans le rapport de M. de Falloux que les instituteurs sont les ennemis de la société. Il ne cherche pas si M. de Falloux a une arrière-pensée; si, à travers les instituteurs primaires, ce n'est pas la liberté qu'on poursuit, et non-seulement la liberté, mais la cause sacrée de la civilisation moderne : tant de calomnies accumulées, retentissant à la tribune, dans les journaux réactionnaires et dans les rapports

de nos ministres, ne l'avertissent pas ; il déchaîne contre les instituteurs primaires et contre le communisme, dont il les rend responsables de par M. de
Falloux, sa plus fougueuse éloquence. « Le communisme, c'est la ruine de la
société, c'est la destruction de la morale, c'est le renversement de tout ce que
les hommes adorent. Si les instituteurs persévèrent dans cette voie fatale ; s'ils
livrent à la société, pour tant de bienfaits dont elle les comble, une guerre
impie, il se trouvera un représentant républicain qui aura le courage de frapper
sur la partie immorale, gangrenée et anarchique des instituteurs primaires,
et ce représentant ce sera lui, ce sera Alphonse de Lamartine! » C'est lui qui
le promet : c'est le dernier mot de son dernier pamphlet populaire.

Quelle joie parmi ceux que vous avez combattus dix ans, que vous avez
terrassés le 24 février, que vous avez forcés pendant trois mois à l'admiration,
et qui depuis vous traînent enchaîné et aveuglé à la remorque de leur politique
contre-révolutionnaire, quand ils vous verront accueillir ainsi leurs calomnies,
et leur prêter le secours de cette voix jadis si puissante ! Et quel remords pour
vous, si jamais vous entrez dans une école, si vous étudiez de près ceux que
vous frappez ainsi au visage sur la foi de leurs ennemis ! Où sont-ils ces
communistes, ces ennemis de la société ? Pourquoi ne les poursuit-on pas ?
Est-ce M. de Falloux qui interdit aux inspecteurs primaires et aux procureurs
de la République de sévir ? Est-ce lui qui arrête l'action des comités supérieurs ?
Quoi ! il y a en France trente mille instituteurs publics ; vous avez pour ministre M. de Falloux, et vous vous en tenez à des attaques générales ? Vous ne
dites pas : il y a dans ce département dix instituteurs communistes, il y en a
cent dans tel autre ? Serait-ce qu'il n'y aurait eu, sur ces trente mille calomniés, qu'une vingtaine de coupables ? et que ces coupables même n'auraient
été condamnés que sur des preuves équivoques ? Quelle honte si vous compa-
raissiez devant la France avec de telles preuves à l'appui, pour soutenir une
accusation qui pèse sur trente mille de vos concitoyens, et menace l'avenir
même de votre pays, l'avenir de la démocratie et de la République !

Mais ce n'est pas seulement la conduite des instituteurs que vous mécon-
naissez, c'est leur situation même, c'est la loi qui les régit. Vous n'avez pas
frappé à la porte d'une seule école, vous n'avez pas assisté à une conférence,
vous n'avez pas ouvert la loi de 1833. La société les paie, dites-vous ; elle
leur donne l'aisance. Mais M. de Falloux, M. de Falloux, entendez-le bien,
appelle cette aisance « de la misère ! » La société les paie ? Oui, elle leur donne
200 fr. par an ! Elle leur permet d'ajouter à ces 200 francs un traitement
éventuel ! Oui, et dans la plupart des communes rurales ce traitement éventuel s'élève à 60 fr., dont ils ne touchent que la moitié. Elle leur donne, dites-
vous, une inamovibilité convenable! Mais qu'est-ce donc qu'une inamovibilité qui peut être brisée par cinq notables du chef-lieu d'arrondissement, jugeant
sans appel ? Ainsi tout est faux ; et ces bienfaits de la société que vous étalez

en termes si magnifiques, et cette haine des instituteurs contre la société, qu'ils servent obscurément avec résignation et courage, et qui ne leur donne en retour que la misère et la calomnie.

Ce n'est pas de la colère que nous éprouvons, c'est de la pitié. C'est avec une pitié profonde que nous disons à M. de Lamartine qu'il y a quelque chose encore de plus respectable que le talent, c'est un caractère. O conseiller du peuple ! que n'aurions-nous pas donné pour que vous fussiez resté son ami ! O vous ! grand orateur des justes colères et des nobles aspirations de la démocratie, qu'avez-vous fait de ce cœur qui vibrait à l'unisson des nôtres !

La Tribune des Peuples.

M. de Lamartine vient d'attaquer les instituteurs primaires dans le dernier numéro de son *Conseiller du Peuple.* Il les a attaqués avec une violence qui n'a d'égale que son ignorance de la vie, des faits et gestes de ces mêmes hommes contre lesquels il fulmine.

. . . .

Savez-vous qui vous êtes ? s'écrie M. de Lamartine aux instituteurs communaux ; savez-vous d'où vous sortez? Vous sortez d'une grande pensée de charité sociale. VOUS ÊTES LA CHARITÉ VISIBLE DES CLASSES RICHES ET PROPRIÉTAIRES ENVERS LES CLASSES PAUVRES ET LABORIEUSES (1). Sans cette charité vous n'existeriez pas. Qui est-ce qui vous a institués et qui est-ce qui vous paie ? La société. . . . .

Eh quoi ! un employé, parce qu'il est payé par la société, doit-il pour cela renoncer à sa liberté de sentir, de penser et de parler? Ne lui sera-t-il pas permis d'être démocrate sous un régime démocratique? d'être socialiste même et de travailler à faire triompher ses idées dans les limites de la propagande et de la discussion légales ? Une charge publique est-elle donc une servitude, et ne peut-on l'accepter qu'après avoir abjuré sa foi, ses sympathies, son initiative, son caractère, tout ce qui constitue l'homme ?

. . . .

Et pourquoi tant de colère? parce que les instituteurs sont des hommes de leur siècle, qu'ils partagent ces idées d'améliorations sociales qui préoccupent tous les esprits généreux du monde moderne ; parce que, nés du Peuple, vivant avec le Peuple, connaissant ses souffrances et ses besoins, ses nouveaux

---

(1) Cette hérésie qui flatte ceux qui s'opposent à l'égalité politique et qui n'ont d'amour que pour les priviléges, est l'expression de tout le système réactionnaire. L'analyse de cette doctrine est telle, qu'avec la presse bâillonnée nous n'osons pas l'analyser maintenant.

droits et ses devoirs, quelques-uns d'entre eux ont cherché à gagner à la République les populations des campagnes, à diriger leurs votes dans le sens démocratique, à les éclairer sur les piéges de la réaction ; parce qu'ils ont pensé que les intérêts du Peuple pouvaient être aussi bien représentés et défendus par d'intelligents prolétaires que par des prêtres, des légitimistes, des orléanistes, par les satisfaits et les repus de la monarchie !

. . . .

Il est des âmes de poètes et d'orateurs, des organisations d'un timbre et d'un éclat tout particuliers, qui, par la mobilité de leurs impressions, leur facilité à se passionner pour tel ou tel sentiment, nous font assez l'effet de ces cloches d'églises à qui le sacristain fait dire des airs différents suivant l'heure et le jour : elles tintent tantôt pour les fiançailles, tantôt pour le baptême, tantôt pour l'enterrement ; leurs vibrations banales sont à la merci du premier événement qui survient. M. de Lamartine est une de ces âmes de métal au timbre éclatant et sonore, âmes indifférentes, émues à la surface, mais impassibles au fond ; faites pour chanter et pour pleurer, pour glorifier et pour blasphémer, selon le caprice de l'homme et des révolutions. Il y a dix-huit mois, l'âme-métal de M. de Lamartine réveillait de justes colères et de nobles aspirations : elle vibrait alors sous la main de la démocratie ; aujourd'hui elle raille, elle insulte, elle invective ; elle sonne sous les doigts de la réaction.

La Feuille du Peuple.

Quand la démocratie est ainsi frappée au visage, la main qui frappe, fût-elle d'un ami ou d'un vieillard, il n'est point possible d'assister à un pareil affront sans pâlir et sans le venger.

Quoi ! les instituteurs sont devenus des fomentateurs de haine, de discorde, d'exécrables passions, de stupides doctrines entre les diverses classes de citoyens ? Mais ces instituteurs, où sont-ils, qui sont-ils ? Que fait le ministre de l'instruction publique ? Que font les inspecteurs des écoles ? Que font les comités d'arrondissement ? Que font les procureurs qu'arme la foudre de la loi pour frapper les attentats à l'ordre, à la morale et à la pudeur publiques ?

. . . .

Où donc a-t-on mis en pratique ces doctrines de spoliation, de vol, de pillage, dont il semble, à entendre M. de Lamartine, que la France soit gangrenée ? Où, dans quelle commune, dans quel canton, au coin de quel bois, l'instigation d'un instituteur a-t-elle fait tomber un cheveu d'une tête, déplacé la borne d'une vigne, fait couler une goutte de sang ? Cependant, nous en convenons, monsieur, il y a chaque jour des attentats qui épouvantent les populations, des crimes, des sacriléges à faire rougir la face de Dieu lui-même. Si

votre plume se plaît à l'analyse des plus immondes infamies qui puissent dés-
honorer l'humanité, voici de quoi alimenter vos inspirations :

Un homme, un instituteur de la jeunesse, revêtu du sacerdoce sacré de
l'enseignement, comparaissait hier devant un tribunal. La plume se refuse à
retracer les horreurs révélées. Cet homme, sous sa robe noire, violait la pudeur des enfants ; il en avait sous la main par centaines, et qui sait combien
en sont sortis flétris dans la plus pure fleur de leur jeunesse, de leur inno-
cence, de leur santé ?... Il faisait ce métier depuis trois ans en priant Dieu,
recevant chaque jour l'hostie consacrée, et vivant dans l'estime des dévots. Il
n'était ni rouge, ni socialiste, n'allait point dans les clubs, mais à l'église,
à la sacristie, au sermon, portait un scapulaire au cou avec l'image de la
Vierge, et violait les petits enfants ! Il s'appelle le frère Nailhac, frère chré-
tien, membre de plusieurs congrégations, et récemment envoyé aux galères
par la cour d'assises du Rhône. Je vous le donne, celui-là, monsieur, pour
en faire une leçon dans votre prochain numéro. Voilà, pourrez-vous dire, voilà
où sont les empoisonneurs de nos enfants, de nos sœurs et de nos frères. Voilà
où est la doctrine qui ne spolie personne ouvertement, qui prêche le respect de
Dieu et de la morale, mais dans l'ombre dépouille, assassine, déshonore, in-
fecte les cœurs, répand l'hypocrisie, l'impudicité et creuse sous nos pas l'abîme
de Gomorrhe !

Voilà, pourrez-vous dire avec éloquence, voilà où il faut aller chercher la
source impure de la plupart de ces désordres qui éclatent partout, corrom-
pent les relations sociales, déshonorent les familles et consternent la conscience humaine. Voilà où il faut appeler la conscience du juge, la sollicitude du père, l'inquiétude du citoyen, la foudre de la loi.

L'Éclaireur Républicain, journal des Travailleurs.

M. Lamartine, dans son *Conseiller du Peuple*, vient d'attaquer les instituteurs primaires laïques. Digne auxiliaire de M. de Falloux, de M. Montalembert, de M. Thiers, de tous les ennemis de la liberté et de la pensée, il ne
trouve rien de mieux, ce conseiller du peuple, dans son âme démocratique,
qu'un cri de haine et de colère contre les malheureux instituteurs du peuple,
dont la misère même ne fatigue pas l'utile dévouement ; il attaque avec une
fureur épileptique la classe la plus laborieuse, la plus estimable et la moins
rétribuée de nos fonctionnaires publics, ces missionnaires de la civilisation et
du progrès.

Nous rougirions de donner place dans nos colonnes à cette extravagante
diatribe, qui nous inspire plus de pitié et de dégoût que de ressentiment, et
dont la conclusion est de dénoncer les instituteurs primaires comme artisans

de haines et de discordes, socialistes, communistes, partageux, athées, prêts à la bigamie, à la promiscuité, au pillage, à tous les crimes, à tous les genres d'horreur et de stupidité. (Suivent onze pages des plus stupéfiantes peintures des différentes catégories de socialistes.) Après la dénonciation, la calomnie, vient la menace. « Si les instituteurs, dit-il, persévèrent dans cette voie fatale, s'ils livrent à la société, pour tant de bienfaits dont elle les comble, une guerre impie, il se trouvera un représentant républicain qui aura le courage de les frapper, et ce représentant sera *Alphonse de Lamartine*. » C'est lui qui le promet : tel est le dernier mot de son pamphlet prétendu populaire.

Les Débats.

Chose curieuse : l'opinion publique a commencé à faire un retour sur elle-même et à examiner avec plus de calme la cause des instituteurs primaires, quand elle a vu que M. de Lamartine les accusait si *violemment*. Les *exagérations* de M. de Lamartine ont éveillé le doute dans beaucoup d'esprits. M. de Lamartine, s'est-on dit, se fâche comme nous et plus que nous. Aurions-nous tort par hasard de nous fâcher.....

Le Charivari.

Où s'arrêteront les charlatans qui vous ont pris à bail, à ferme, à exploitation ? Hâtez-vous de rompre ce marché, si vous tenez à votre gloire ; moi, j'y tiens, parce que franchement les grands artistes comme vous sont rares, et qu'il est dur de les voir descendre de la grande scène du monde, pour monter sur des théâtres forains et devenir les pensionnaires de Bilboquet. Lisez la quatrième page des grands journaux, monsieur de Lamartine, et vous verrez quel vacarme fait, en tapant sur votre nom, la cymbale fêlée de Paillasse ! Il n'est si dur métal qui résiste à d'aussi prodigieux tours de bras. Encore deux ou trois numéros du *Conseiller du Peuple*, et votre gloire brisée tombera en morceaux sur la planche d'un tréteau !

La Politique du peuple.

Deux opinions qui font également la guerre aux instituteurs, parce qu'elles sont également contraires à l'émancipation intellectuelle du peuple, ont des interprètes plus ou moins puissants dans l'Assemblée législative. La première y est représentée surtout par M. de Montalembert. M. Thiers prête à la seconde l'appui de sa parole.

Singulier rapprochement que celui de ces deux hommes, dans cette guerre coupable et insensée contre l'esprit du peuple! Cette alliance seule est un juste châtiment pour l'un et pour l'autre. La foi aveugle du crédule historien de sainte Élisabeth ne pouvait être mieux punie que par le concours qui lui est prêté si complaisamment par le scepticisme railleur de l'ancien ministre de Louis-Philippe. D'un autre côté, le ridicule de ce petit homme d'État, qui aspire parfois aux magnifiques insolences de son compatriote Mirabeau, serait moins public et moins complet, s'il n'était condamné à son tour, après avoir été l'historien enthousiaste de nos mouvements populaires, à marcher sous le même drapeau que ce gentilhomme confit qui écrit des pages dévotes sur les miracles du xivᵉ siècle.

Qu'ils marchent donc ensemble à la destruction de nos écoles populaires : que leurs partisans et leurs amis poursuivent, accusent et calomnient les instituteurs ; c'est un rôle tout à fait digne des adversaires de la Révolution ; ils ne sauraient mieux diriger leurs coups.

Peut-être ne devait-on pas s'attendre à trouver dans leurs rangs l'un des fondateurs de la République. On aurait le droit de s'en indigner, si le poëte n'était pas toujours *une chose légère*, comme disait Lafontaine. M. de Lamartine insulte aujourd'hui les instituteurs : il promet de les attaquer demain du haut de la tribune. Il se vante. Sait-il ce qu'il fera demain ? L'auteur des *Méditations* et des *Harmonies* ne se donne pas aux idées, il se prête, et c'est toujours à courte échéance, comme un avare et un usurier.

On connaît le mot d'un ouvrier parisien. C'était dans les premiers jours de mars. Une multitude nombreuse et compacte se pressait aux portes de l'Hôtel-de-Ville. Entouré de ses collègues, M. de Lamartine haranguait la foule et cherchait à la bercer comme il l'a fait tant de fois, dans les suaves ondulations de son poétique langage. Un individu fit entendre quelques cris d'impatience. Tais-toi donc, lui dit un de ses voisins : *Est-ce que tu ne vois pas que c'est la musique du gouvernement provisoire ?*

Il était en effet, à cette époque, la musique de la Révolution victorieuse : il est devenu celle du royalisme. Ne l'en blâmons pas trop. Voilà sans doute des invectives bien amères contre les hommes chargés d'instruire le suffrage universel. De quoi ne les accuse-t-il point dans l'ardeur de sa parole ? Ce seraient des propagateurs de toutes les mauvaises doctrines, des ennemis de la religion, de la famille et de la propriété ! Il ne le croit pas, il le chante.

N'est-il pas vrai, ô poëte ! que ces utiles et modestes fonctionnaires ne vous semblent pas si coupables ? Vous ne croyez pas qu'ils ont résolu de détruire notre civilisation, pour établir sur ses ruines je ne sais quelle société barbare, qui rejetterait loin d'elle, non-seulement les poëtes, mais encore les plus humbles instituteurs ! Vous ne croyez pas qu'ils cherchent à chasser de la conscience du peuple les idées morales que le christianisme et la philosophie y ont introduites depuis huit siècles ! Vous ne croyez pas qu'ils se sont promis de briser la pierre, cette pierre inviolable et sainte du foyer domestique ! Vous

ne croyez pas à leur communisme, à toutes ces débauches intellectuelles dont les accusent hypocritement les ennemis de la Révolution.

. . . . , ...

Ce que l'on poursuit dans les instituteurs, ce n'est pas la conscience outragée, la religion méconnue, la société menacée dans ses éternels fondements : on veut frapper en eux l'esprit de la Révolution, l'âme se communiquant au peuple par la parole, par l'écriture, par les mille voix de cet enseignement primaire qui retentit à toutes les oreilles, jusque dans les profondeurs les plus reculées de nos campagnes. Vous les accusez d'immoralité, d'athéisme, d'idées anti-nationales ; ILS NE SONT COUPABLES QUE DE RÉPUBLICANISME.

Le Patriote de Saône-et-Loire.

Le pamphlet de M. de Lamartine contre les instituteurs, s'il a valu à son auteur les louanges des feuilles *honnêtes et modérées*, lui a, en revanche, attiré d'assez vertes réponses de la part des feuilles démocratiques. Entre toutes ces réponses, nous avons remarqué celle que contient, dans son numéro du 13 septembre, *l'Émancipation de l'enseignement*, journal de l'instruction publique. Elle a pour auteur M. Marle aîné, ancien directeur de l'école normale de Mâcon, aujourd'hui rédacteur de *l'Émancipation de l'enseignement*. Nos lecteurs verront, par les extraits suivants, que M. Marle n'a pas cru devoir prendre des gants pour relever les extravagances de notre illustre compatriote :

Tout le monde est enfin convaincu que M. de Lamartine est devenu capable de toutes les aberrations, de toutes les plus extravagantes folies.

C'est ce qu'on dit partout de lui, et c'est ce qu'il s'évertue tous les jours à justifier de plus en plus.

Son article contre les instituteurs en est un nouveau témoignage. Nul homme sensé ne saurait y reconnaître une œuvre sensée.......

J'entends *chuchoter*, dites-vous, M. de Lamartine, que l'imperceptible minorité d'entre les instituteurs fomente des haines, etc. Si c'est *l'imperceptible minorité*, de quoi vous plaignez-vous ? Depuis quand n'y a-t-il rien à dire contre *l'imperceptible minorité* d'un corps quelconque ? Vous avez donc perdu toute entente du cœur humain ?

Puis, que signifie ce nouveau mode de mise en prévention : *j'entends chuchoter ?* Vous vous en rapportez à des *chuchotements* pour dénoncer à la France vingt-cinq à trente mille citoyens, bien davantage en y comprenant les instituteurs privés laïques ; pour porter contre les uns et les autres des accusations tellement ignobles que notre plume s'est refusée à les transcrire toutes.

Et vous êtes un homme d'État !

Et vous vous dites un *philosophe*, un *sage !*

Si vous étiez un sage, vous ne vous en seriez pas rapporté à des *chuchotements*. Vérifiant ces *chuchotements*, vous auriez appris que les instituteurs sont ce qu'ils étaient à l'époque où vous les avez comblés d'éloges, et meilleurs même encore, car ils progressent tous les jours en savoir, en expérience, en vertus de toutes sortes ; vous auriez appris que les auteurs des *chuchotements* sont des calomniateurs, et vous auriez pris la défense de leurs victimes.

C'est là, monsieur, ce que vous auriez fait, ce que vous feriez si vous étiez un sage.

Savez-vous bien ce qu'on *chuchote* aussi contre vous ? On *chuchote* que vous êtes un ange déchu, un marchand de papier imprimé, un charlatan et même un fou ; oui, un fou, et c'est à tel point que le bruit a couru ces jours derniers que vous vous étiez coupé la gorge dans un accès d'aliénation mentale.

Que pensez-vous de ces *chuchotements - là* qui sont universels ?

. . . . , ...

Le signataire de ces lignes a été le collègue de M. de Lamartine au conseil municipal de Mâcon, et le collègue de M. de Lamartine, au comité d'arrondissement siégeant dans cette ville. Or, à une séance de ce comité, où il invoquait, pour une interprétation de la loi Guizot, les lumières du poète législateur, et alors député, celui-ci répondit : *J'ai voté cette loi, mais je ne l'ai point lue; je ne la connais pas.*

Aujourd'hui si M. de Lamartine veut avoir la même franchise, il dira : *Je viens de calomnier les instituteurs, mais je ne les connais pas.*

La Constitution, journal du Loiret,

Il nous a semblé, à lire l'œuvre du poète, que le cœur de Lamartine baissait, et c'est pour la seconde fois qu'il nous fait éprouver ce sentiment. Un jour, M. de Lamartine n'a-t-il pas traité de *Cosaques*, ces mêmes ouvriers qui, à toutes les époques, et notamment en 1845, ont été les premiers et les derniers à offrir leurs poitrines aux balles de l'étranger, et surtout des Cosaques ? Il n'y avait ni générosité, ni justesse d'application à traiter ainsi la population ouvrière de Paris. L'épithète convenait beaucoup mieux à une autre fraction de la nation, historiquement connue par ses accointances avec l'étranger.

Aujourd'hui il semble que le cœur de M. de Lamartine ait encore baissé, par son réquisitoire contre les instituteurs, et comme la pensée vient du cœur, il faut que la pensée du poète descende d'une source mauvaise, car elle n'est ni juste, ni saisissante, ni pleine de cette grandeur familière à l'écrivain.

M. de Lamartine s'est trompé; il a frappé à côté du but. Les mauvaises passions et les mauvaises doctrines ne sont pas où il les cherche, où il les trouve, où il les anathématise. L'instruction primaire ne s'est pas mise au service de la politique, comme l'instruction cléricale. L'instruction primaire s'applique à faire des citoyens et non des hommes à la disposition des dynasties. Elle est simple, elle est vraie, elle est honnête. Mal rétribuée, elle n'en poursuit pas moins courageusement sa mission. Ses prétentions sont aussi modestes que les positions données aux instituteurs; elle n'aspire à aucun rôle, à aucun bruit, à aucun éclat. Elle s'abstient de fournir de ces monstrueux exemples d'immoralité qui viennent de temps en temps affliger la société.

Aucun mystère ne l'environne; elle se donne à tous, au milieu de tous, par un père de famille connu de ses concitoyens, vivant dans le village, sous les yeux des habitants, n'ayant à sa porte ni grille ni parloir, ne faisant pas de sa maison un lieu secret et inabordable. Tout le monde peut y entrer, la nuit, le jour, à toute heure, en tout temps. On l'a justement appelée la maison commune.

. . . .

Que les instituteurs se rassurent et ne s'effraient pas de la guerre injuste qu'on leur fait. Ils trouveront des défenseurs autant et plus que d'agresseurs. Leur cause est juste et sacrée, comme celle de la liberté. Foi, espérance et courage, telle doit être leur devise, comme elle est la nôtre.

Voyez Lamartine, ce grand cœur et ce grand talent jadis ! C'est l'aigle à qui le coup de vent de la réaction a cassé les deux ailes. Il est tombé dans la *rancune* et presque dans la haine. Au lieu de rester dans les hautes régions où son intelligence planait, il s'est abattu, il est tombé, il se traîne péniblement, et dans un accès de rancune dont nous sommes tous stupéfaits, il s'en est pris au mérite modeste, à la pauvreté courageuse, à la vertu ignorée et faible. Il a subi, comme les autres, la dépréciation morale qui est le fruit naturel d'un mauvais sentiment. Il a intitulé un de ses livres : *l'Ange déchu.* C'est un nom qu'aujourd'hui tout le monde lui donne et qui lui restera dans l'histoire.

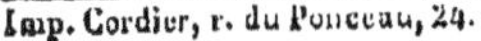

Imp. Cordier, r. du Ponceau, 24.